60 boshafte
Liebenswürdigkeiten
für
Schwiegermütter

Sag' es
durch die Blume

D1641243

Danksagung

Mein Dank gilt Isabelle Bert, Jean-Jacques Labat, Franck Bou-court, Sander Kroll, Andreas Bärtels, Daan Smit, sowie allen unten aufgeführten Fotografen, die so freundlich waren, mir ihre Bilder zur Verfügung zu stellen. Mein ganz besonderer Dank gilt Frédéric Blanchard, der einen ganz wesentlichen Teil zur Konzeption des Buches beigetragen hat.

Bildquellen

Angerer, O.: 26 (oben), 30, 42, 57.
Bärtels, A.: 21, 23 (unten), 34, 35, 38, 47, 52, 53.
Blanchard, F.: 9 (oben).
Boucourt, F.: 7, 31, 33, 41 (oben), 48.
Ferret, P.: 17, 24, 32, 55, 58 (links), 59, 60.
Hühner, J.: 6, 8, 9 (unten), 13 (unten), 25, 54.
Köhlein, F.: 22.
Labat, J.-J.: 10, 11 (oben).
Lauber, K.: 16.
Lecoufle, M.: 12, 63.
Muer, T.: 11 (unten) 19, 26, 45, 46, 58 (rechts).
PPWW/ Smit, D.: 18, 29, 40, 49, 56, 61.
Reinhard, H.: 14, 18, 27, 36 (oben), 39 (oben), 53 (unten), 62.
Reinhard, N.: 20.
Rücker, K.: 44.
Schrempp, H.: 15.
VCK/Aalsmeer: 43.
Von Drachenfels, O: 28.
Weber, H.: 11.
Willery, D.: 32.

Bibliografische Information der Deutschen Bibliothek

Die Deutsche Bibliothek verzeichnet diese Publikation in der Deutschen Nationalbibliografie; detaillierte bibliografische Daten sind im Internet über http://dnb.ddb.de abrufbar.

Aus dem Französischen von Claudia Ade, Stuttgart.

© 2002 der französischen Originalausgabe: Les Éditions Eugen Ulmer, Paris
Titel der französischen Originalausgabe: 60 Plantes amusantes à offrir à sa belle mère
© 2003 Verlag Eugen Ulmer GmbH & Co.
Wollgrasweg 41, 70599 Stuttgart (Hohenheim)
Email: info@ulmer.de, Internet: www.ulmer.de
Lektorat und Bearbeitung der deutschen Ausgabe: Karin Wachsmuth
Herstellung der deutschen Ausgabe: Otmar Schwerdt
Satz: Typomedia GmbH, Ostfildern
Printed in Germany

ISBN 3-8001-4187-6

Antoine Isambert

60 boshafte Liebenswürdigkeiten für Schwiegermütter

Sag' es durch die Blume

Zeichnungen von
Soledad

ULMER

Für Dénise,
meine geliebte
Schwiegermutter
und Muse

Die neuen Schwiegermütter sind da!

Mit Klischeevorstellungen muss endlich einmal aufgeräumt werden. Nein, die heutigen Schwiegermütter haben nichts mehr mit den Ungeheuern vergangener Zeiten zu tun, wie sie traditionell dargestellt werden. Sie gehen mit der Zeit und sind vor allem geistig und körperlich jung geblieben. Aus diesem Grund halten wir uns in diesem Buch auch gar nicht bei den eifersüchtigen, besitzergreifenden, hinterhältigen, aufdringlichen, erdrückenden, knauserigen, verleumderischen, moralisierenden, bigotten, verklemmten und nymphomanischen Schwiegermüttern auf, sondern präsentieren – auf den letzten drei Seiten des Buches – die Gegenseite: die Anbetungswürdigen, Erhabenen, sozusagen die Sahnehäubchen und Göttinnen. Man sollte es lauthals verkünden: Aus den Schwiegermüttern sind Schwiegermamas geworden, über die man als Schwiegersohn schon mal zweideutige Gedanken hegen darf.

Aber hat sich auch der mütterliche Instinkt von Grund auf geändert, wenn es darum geht, mit ansehen zu müssen, wie das eigene Fleisch und Blut das Haus verlässt – und das wegen einer Fremden, einer Unbekannten, deren Fähigkeiten, den Sohn glücklich zu machen, mehr als zweifelhaft scheinen? Und selbst wenn der Zeitgeist mehr Toleranz fordert, so ist es noch lange nicht leicht, es auch zu sein. Und ist es nicht erstaunlich, dass Schwiegermütter uns immer noch – ohne sie jetzt tadeln zu wollen – zum Explodieren bringen können, wenn auch meist gute Absichten dahinterstecken? Doch wie soll man es ihnen auf freundliche Art verständlich machen, ohne sie zu kränken oder zu vergraulen?

Mit einem klug ausgewählten Blumengruß!

Ziel dieses Buches ist es, eine neue Symbolsprache der Pflanzen zu vermitteln, mit deren Hilfe man seiner Schwiegermutter ungestraft einen Korb geben oder aber zärtliche Gefühle zum Ausdruck bringen kann! Und selbst wenn die Symbolik des Blumengrußes den anderen verschlossen bleibt, so können Sie doch innerlich über Ihren kleinen Streich lachen und Spannungen – bis hin zum Familiendrama – vermeiden. Ein Buch, das bald schon von der Krankenkasse erstattet wird!

DIE AUFDRINGLICHEN UND BESITZERGREIFENDEN

In diesem Buch soll natürlich der Urtyp des traditionellen Schwiegermutterbildes auch nicht fehlen. Natürlich ist er am Aussterben, aber – man weiß ja nie – vielleicht haben ja gerade Sie das Pech, einem der letzten Exemplare über den Weg zu laufen. Es ist die „ewige" Mutter der südlichen Länder, die italienische, türkische oder griechische Mama, die schon so oft wundervoll beschrieben wurde. Sie ist jedoch nicht ausschließlich im Mittelmeerraum zu finden, sondern genauso in Wanne-Eickel

Es ist deine Mutter ... .

oder Zittau, vielleicht nur etwas weniger extrovertiert ...
Sie können jederzeit unter irgendeinem Vorwand in
Ihrem Leben auftauchen, und das immer mit den besten
Absichten. Die gefühlsbetonte Erpressung gehört zu
ihren Spezialitäten („Nach allem, was ich für dich getan
habe!"). Ihnen ist auch nicht leicht klar zu machen, dass
sie einem auf die Nerven gehen!

Schwiegermuttersitz – ein absolutes Muss

ECHINOCACTUS GRUSONII

Ehre, wem Ehre gebührt! Der Schwiegermuttersitz ist
wahrscheinlich die erste Pflanze, die einem als Geschenk
für Schwiegermama einfällt. Ein absolutes Muss! Aber
einmal ist keinmal: Wir empfehlen, ihr die Pflanze nicht
zu schenken, sondern sie bei Ihnen zu Hause aufzustellen.
Dort thront sie dann – ästhetisch anzusehen – in der
Mitte des Wohnzimmers als Ermahnung, den Besuch
nicht ewig in die Länge zu ziehen. Außerdem können Sie
dann bei jedem ihrer Besuche Ihren Humor zum Besten
geben: „Setz dich doch, Schwiegermama! Wir haben ihn
extra für dich gekauft!" und durch dieses
unschuldig anmutende Ritual den Aus-
gangspunkt für ein generationenüber-
greifendes Verständnis schaffen:
„Siehst du, Schwiegermama, auch
wenn du nicht da bist, nimmst du
einen Platz in unseren Herzen ein."

Symbolsprache: Ermahnung, sich nicht einzu-
nisten.
Verbreitungsgebiet: Im Handel (Gärtnereien,
Blumenläden, Kakteenzüchter) erhältlich.
Verwendungsmöglichkeit: Im Topf als Zim-
merpflanze.

Banyanbaum – die Feige unter den Würgern

FICUS BENGHALENSIS

Hierbei handelt es sich um einen Baum, der die unangenehme Eigenschaft besitzt, die Bäume, auf denen er wächst, allmählich zu „erwürgen". Was für eine gelungene Metapher für eine Mutter, die ihre Kinder durch ihre aufgezwungene Nähe erstickt! In den tropischen Wäldern ihrer Heimat beginnt das Leben dieser *Ficus*-Bäume in großer Höhe, nämlich durch ein Samenkorn, das mit dem Vogelmist auf einem Ast landet (die Natur zeigt bisweilen auch sehr nüchterne Seiten, die uns wohl an die Erzählung der schmerzvollen Niederkunft erinnern sollen, die Schwiegermama unzählige Male zum Besten gab „ ... und das alles für so viel Undankbarkeit!") Seine Wurzeln wachsen dann nach unten, wobei sie nach und nach den gesamten Stamm des Wirtsbaumes umschlingen und ihn damit erbarmungslos strangulieren. Natürlich sind die bei uns im

Handel erhältlichen *Ficus*-Arten brave, kleine Bäume, die sehr dekorativ wirken. Wenn Sie nun aber bei Ihrem nächsten Besuch diese Pflanze im Wohnzimmer Ihrer Schwiegermutter entdecken, dann werden Sie wissen und denken: „Du Mörder!"

Symbolsprache: „Du erstickst uns".
Verbreitungsgebiet: Im Handel. *Der Ficus benghalensis* ist im Handel nicht erhältlich, dafür aber seine Vettern, der *Ficus benjamina* und der *Ficus binnendijkii* (siehe Foto Seite 9), die ein ähnliches Verhalten an den Tag legen.
Verwendungsmöglichkeit: Im Topf als Zimmerpflanze.

Fleischfressende Pflanzen – die grausamen Fallensteller

NEPENTHES, DIONAEA, DROSERA, SARRACENIA

Es gibt keine gelungenere Anspielung als diese fleischfressenden Pflanzen, von denen jede ihre Ration an Fliegen und Mücken benötigt, die alle noch ihr Leben vor sich haben und voller Hoffnungen und Pläne sind. Wie viele junge, sorglose Insekten fielen schon in die klebrigen Fallen des Sonnentaus und in die wachsartigen Fänge der Kannenpflanze, erlagen dem heimtückischen Duft der Schlauchpflanze oder den unbarmherzigen Kiefern der Venusfliegenfalle. Wie viele junge Insektenpaare müssen sich noch das Mark aus den Knochen saugen lassen und durch den Tod voneinander getrennt werden, bevor diese kleinen Sonntagsmörder in ihrer kollektiven Gleichgültigkeit damit aufhören? Kämpft weiter, meine lieben Brüder und Schwes-

Venusfliegenfalle; Seite 11 oben: Kannenpflanze

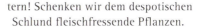

tern! Schenken wir dem despotischen Schlund fleischfressende Pflanzen.

Symbolsprache: „Du verschlingst deine eigenen Nachkommen".

Verbreitungsgebiet: Ausschließlich im Handel. Man bekommt sie beim Blumenhändler oder in einer Gärtnerei. Man sollte sie niemals der freien Natur entnehmen, da sie alle geschützt sind.

Verwendungsmöglichkeit: Im Topf als Zimmerpflanze. Die meisten sind nicht leicht zu pflegen. Sollte die Pflanze eingehen, dann können Sie immer noch Ihre Schwiegermutter dafür verantwortlich machen und sie hinterhältig fragen, wie sie eigentlich mit den Geschenken umgeht, die Sie ihr machen.

Fetter Maulaufreißer – der unbarmherzige Parasit

OROBANCHE HEDERAE

Diese leicht welk wirkende Pflanze strotzt nur so vor Gesundheit hinter ihrer kränklichen Fassade. Diese Parasitenpflanze – auch Efeu-Sommerwurz genannt – besitzt nicht die Spur von Chlorophyll, daher die einheitlich bräunliche Färbung. Unfähig sich selbst zu ernähren, bohrt sie ihre Wurzeln mit den Saugfortsätzen in diejenigen des Efeus, denen sie dann heimtückisch den Saft entzieht. Die Farbe erinnert nur allzu gut an das gallige, zerknitterte Aussehen bestimmter Schwiegermütter, die nur mit sich selbst beschäftigt sind und deren Herzenskälte sie verdorren ließ. Man erkennt darin unschwer jene Schwiegermütter, die wie Kletten sind, andere für sich handeln lassen und auf Kosten

von jungen Paaren leben, die noch voller Schaffenskraft sind: Diese werden – von innen heraus ausgesaugt – zusehends verkümmern.

Symbolsprache: „Du saugst uns den Saft aus".
Verbreitungsgebiet: In der freien Natur unter Efeu, von dem es Wasser und Nährstoffe abzapft.
Verwendungsmöglichkeit: Mit kleinen Blumensträußen, umrahmt von Efeublättern, werden Sie für Überraschung sorgen, weil sich jeder fragen wird, weshalb Sie verwelkte Blumen schenken. Sagen Sie einfach, Sie hätten sie bei Klaus Wagener oder einem anderen Floristen gekauft, der gerade „in" ist. Das wird die Diskussion beenden …

Dracula – der Vampir unter den Orchideen

DRACULA VAMPIRA

Diese merkwürdige Orchidee stammt nicht etwa aus den Karpaten, sondern aus den ecuadorianischen Anden, wo sie im Halbschatten der nebligen Hochwälder wächst. Sie ist dem Grafen Dracula gewidmet und die ideale Pflanze, die man einer Schwiegermutter schenken kann, die bei Einbruch der Dunkelheit eine – wie soll ich´s ausdrücken – immer noch starke Präsenz zeigt. Es ist übrigens ratsam, ihr erstmal eine Knoblauchzehe zu schenken, um ganz auf Nummer Sicher zu gehen …

Symbolsprache: „Du saugst uns das Blut aus".
Verbreitungsgebiet: Diese seltene Orchidee findet man nur bei speziellen Orchideenzüchtern. Im Zweifelsfall kann man auch auf andere *Dracula*-Arten zurückgreifen.
Verwendungsmöglichkeit: Im Topf als Zimmerpflanze. Die Pflanze ist jedoch schwierig in der Pflege. Man sollte sie nicht jeder Schwiegermutter in die Hände geben. Es wäre schade drum.

DIE HINTER-
HÄLTIGEN UND
VERLEUMDERISCHEN

Eine weitere charakteristische Eigenschaft von Schwiegermüttern, die vornehmlich die Schwiegertöchter zu
spüren bekommen (oder zu spüren bekamen, weil man sie
– Gott sei Dank – immer weniger bei den Schwiegermüttern beobachten kann). Nach außen hin sind sie zucker-
süß („Ich muss eine gute Figur machen, schließlich ist er
ihr noch sehr zugetan. Steter Tropfen höhlt den
Stein!"), hinten herum jedoch falsch wie die
Schlangen („Die kleine Intrigantin hat es
geschickt eingefädelt, dass er sie geheiratet
hat. Aber zum Glück hat Mama einen klaren
Verstand und passt auf. Die kleinen Tricks
sind ihr nicht entgangen ...")

Bogenhanf –
Heilmittel gegen
Schlangenbisse

SANSEVIERIA TRIFASCIATA

Eine Pflanze, die man sofort mit den
Schwiegermüttern der ganzen Welt assozi-
iert: Ihre scharfen Blattränder sprechen
eine klare Sprache. Die Pflanze stammt aus
tropischen Ländern, gehört jedoch in unseren Breitengraden zu den häufigsten Topf-
pflanzen. Klar: Sie ist ja auch nicht tot zu

kriegen! Anzumerken wäre noch, dass sie in Venezuela in Kräuterläden als Heilmittel gegen Schlangenbisse verkauft wird ...

Symbolsprache: Scharfe Zunge/bissige Bemerkungen.
Verbreitungsgebiet: Im Blumenhandel und in Gärtnereien als Zimmerpflanze.
Verwendungsmöglichkeit: Lange Zeit war sie völlig aus der Mode gekommen, ist jetzt mit dem Trend von großen Pflanzen in Designer-Töpfen wieder „mega-in".

Schwalbenwurz – Gift gegen falsche Schlangen

VINCETOXICUM HIRUNDINARIA

Diese unscheinbare Gewächs ist im Sommer häufig auf unbebautem Gelände anzutreffen. Die Pflanze könnte so etwas ähnliches wie ein Gegengift sein, um giftige Schwiegermütter besser ertragen zu können. Früher glaubte man, sie könne den Tollwutvirus und das Gift der Viper außer Gefecht setzen. In Wirklichkeit funktioniert das aber nicht. Sollten Sie doch einmal von Ihrer Schwiegermutter gebissen werden, dann laufen Sie so schnell wie möglich zum nächsten Pfarrer!

Symbolsprache: Giftige Zunge/vergiftetes Umfeld.
Verbreitungsgebiet: Kommt nur in der freien Natur vor, von wo man sie in den Garten umsiedeln kann.
Verwendungsmöglichkeit: Setzen Sie die Pflanze in den lichten Schatten des Gartens.

Bist du etwas korpulenter geworden, Nicole ...?

Gemeine Hundszunge – gegen kaltblütige Schwiegermütter

CYNOGLOSSUM OFFICINALE

Eine Pflanze, die jeden Zweifel ausräumt. Sie besitzt die Eigenart, für Säugetiere unschädlich, für kaltblütige Tiere jedoch giftig zu sein. Wenn man also die Schwiegermama am Stängel der Hundszunge lecken lässt und sie danach in schreckliche Krämpfe verfällt, dann ist ihre wahre Natur die eines Reptils – was Sie natürlich auch vorher schon wussten.

Symbolsprache: Boshafte Anspielungen.
Verbreitungsgebiet: Bei Züchtern widerstandskräftiger Pflanzen.
Verwendungsmöglichkeit: Man pflanzt sie in den Garten und bindet sie zu kleinen, hübschen Sträußchen, die wie Vergissmeinnicht aussehen.

Bittersüßer Nachtschatten – geheuchelte Liebenswürdigkeit

SOLANUM DULCAMARA

Wie der Name schon andeutet, symbolisiert diese Pflanze jene heuchlerisch-liebenswürdigen Schwiegermütter, die hinter ihrem süßlichen Verhalten ihre innewohnende Schärfe verbergen wollen. „Guten Tag, meine Liebe … du siehst ja blendend aus … oh, was haben wir denn da, eine kleine Falte … eine kleine Lachfalte natürlich …"
Es wird niemanden überraschen, dass diese Pflanze, vor allem ihre kleinen, roten Früchte, ein giftiges Alkaloid enthalten. Wie sagte schon Apollonios von Smyrna:
„Timeo Danaos et dona ferentes"
(„Ich fürchte die Griechen, besonders wenn sie Geschenke bringen!").

Symbolsprache: „Falsche Schlange".
Verbreitungsgebiet: Sehr häufig entlang feuchter Ufersäume, aber auch an Straßenrändern anzutreffen.
Verwendungsmöglichkeit: Als Strauß, eventuell auch mal zusammen mit Hundszunge und Schwalbenwurz: Das wäre dann der Gipfel der Hinterhältigkeit!

DIE SNOBISTISCHEN UND EINGEBILDETEN

In diese Kategorie gehören all diejenigen Schwiegermütter, die ihrem sozialen Status eine immens wichtige und überzogene Bedeutung beimessen. Sie gehören entweder zur gesellschaftlichen Elite und betrachten den Rest der Welt mit Herablassung; oder sie blicken neidisch auf eine Gesellschaftsschicht, die sie so gut es geht nachäffen, kurz: Sie wollen einfach zu hoch hinaus.

Du könntest aus der Provinz kommen, meine Kleine ...

Schmucklilie – die Großstadtpflanze

AGAPANTHUS PRAECOX

Die Schmucklilie dekoriert sich in verschwenderischer Art und Weise mit bis zu hundert himmelblauen Blüten, die

wie Bälle auf den langen Stängeln zu schweben scheinen.
Beengte Platzverhältnisse führen dazu, dass sich die
Schmucklilie bei der Blüte nur noch mehr ins Zeug legt.
Sobald die Pflanze verblüht ist, sieht sie mit ihrem lan-
zettlichen Blattwust eigentlich nur noch wie eine „Aller-
welts-Grünpflanze" aus. Ähnlichkeiten mit lebenden Personen oder Handlungen sind nicht zufällig und voll
beabsichtigt ...

Symbolsprache: Großstadtpflanze.
Verbreitungsgebiet: Zur Blütezeit gehegt und gepflegt in Kübeln herr-
schaftlicher Terrassen und Gärten, danach versteckt in Hausfluren oder
hellen Kellern.
Verwendungsmöglichkeit: Kübelpflanze, auch als Schnittblume.

Vanille-Pestwurz – Geld stinkt nicht

PETASITES FRAGANS

Eine geglückte linguistische Mischung aus übelriechender Pest und duftendem Wohlgeruch. Sie ist das Symbol jener reifer Frauen, denen es in Bezug auf Geld stark an Bescheidenheit mangelt, obwohl sie es nie selbst verdienen mussten. Mit zunehmendem Alter haben sie außerdem die Tendenz, sich in Parfümwolken zu hüllen, daher der lateinische Beiname „fragans". Hinzu kommt noch ihr Hang zu Goldschmuck, der sie für potenzielle Bestäuber (steinreiche Hummeln, begüterte Fliegen) schon von weitem erkennbar macht.

Symbolsprache: Unangemessen hohes Selbstwertgefühl.

Verbreitungsgebiet: In Gärtnereien in der Abteilung „mehrjährige Pflanzen". Man trifft sie gelegentlich auch in Gebirgen Italiens, Sardiniens und Siziliens an.

Verwendungsmöglichkeit: Als Blumenbeet im Garten, was aber sehr hässlich aussieht.

Kaiserkrone –
Adel verpflichtet

FRITILLARIA IMPERIALIS

Diese Pflanze unterscheidet sich von gewöhnlichen Pflanzen durch ihre lange Ahnenreihe: Kaufleute aus Venedig brachten sie schon 1590 nach Konstantinopel, das damals der Mittelpunkt weltlicher wie geistlicher Würdenträger war. Der Name ist Programm: Sie ordnet ihre großen, orangefarbenen Blütenblätter wir eine Krone um „das Gute darin"; als Zugabe setzt sie sogar noch einen grünen Blattkranz obendrauf. Kleines Manko, vermutlich eine Anpassung an die Körperhygiene des ausgehenden Mittelalters: Die Zwiebeln und sonnenzugewandten Blätter verströmen einen unangenehmen Geruch.

Symbolsprache: Schwer zu ertragender Snobismus.
Verbreitungsgebiet: In Gärtnereien.
Verwendungsmöglichkeit: Im Blumenbeet als Solitärstaude, wird aber auch gerne als (weitgehend unwirksames) Vertreibungsmittel gegen Wühlmäuse eingesetzt.
Weitere Pflanze mit ähnlicher Symbolik:
Königsfarn (*Osmunda regalis*): die königliche Variante der oben beschriebenen Pflanze.

Kaiserkrone

DIE KOKETTEN UND VERFÜHRERISCHEN

Ja, die Schwiegermütter haben sich geändert. Ständig steigt die Zahl derjenigen, die auf ihre Linie achten und in Form bleiben wollen. Sie weisen die Unabwendbarkeit des Alters weit von sich und möchten immer noch gefallen und verführen – mit mehr oder weniger Erfolg … Für manche unter ihnen wird dieser Kampf gegen die unbarmherzig fortschreitende Zeit zur Hauptbeschäftigung.

Samstag Abend? Kann ich nicht auf die Kinder aufpassen, da geh' ich in die Disco!

Scheinmohn – eine Widmung an jung gebliebene Schwiegermütter

MECONOPSIS CAMBRICA

Dieses Mohngewächs mit den auffälligen, aber recht knittrigen blauen Blüten ist all jenen gut aussehenden Schwiegermüttern gewidmet, die hinter ihrer Jugend herrennen. Lange Zeit haben ihre Töchter ihnen die Affären ausgespannt. Aber jetzt ist es umgekehrt! Sie kaufen sich die selben Klamotten, gehen in die selben Läden, lassen sich den passenden Haarschnitt verpassen und duzen sich mit ihren Bekannten. Sie machen Gymnastik und halten Diät. Abends frequentieren sie voller Begeisterung angesagte Bars und Discos und beklagen sich darüber, dass ihr Ehemann (der sich schließlich mit seiner Geliebten verdrückt, die für ihn leckere, cholesterinhaltige Schnittchen zubereitet) sie auf den nächtlichen Spritztouren nicht begleitet.

Symbolsprache: Wunsch nach ewiger Jugend.
Verbreitungsgebiet: Im lichten Schatten von Waldsäumen, in Gärten von Pflanzenliebhabern.
Verwendungsmöglichkeit: Als dekorative Gartenpflanze, als Vasenschmuck sehr kurzlebig.

Venusnabelwurz – für geheime Verführerinnen

OMPHALODES VERNA

Diese mehrjährige Gartenpflanze
besitzt kleine, blaue Blüten mit einem winzigen,
weißen Auge in der Mitte, das wohl seinerzeit die
Fantasie ihres Namensgebers angeregt haben muss.
Sie ähnelt dem Vergissmeinnicht, weshalb sie wohl
auch als Gedenkemein bezeichnet wird. Der Nabel ist
ganz offensichtlich ein verborgener Ort voller Erotik, vor
allem, wenn es sich um den der Venus handelt. Je nach
Schwiegermutter kann die Pflanze Selbstverliebtheit oder
Verführungskunst symbolisieren.

Symbolsprache: Narzissmus oder Verführungskunst.
Verbreitungsgebiet: In Gärtnereien oder beim Blumenzüchter.
Verwendungsmöglichkeit: Man kann sie im Topf verschenken und danach
in den Garten pflanzen.
Anmerkung: Es gibt noch eine andere Pflanze, nämlich *Umbilicus
rupestris*, die man als Venusnabel bezeichnet. Sie wächst unter anderem in
der Bretagne, auf der Iberischen Halbinsel, den
Britischen Inseln, auf Zypern oder Nordwest-
Afrika. Sie verdankt ihren Namen dem entzü-
ckenden Nabel ihrer runden Blätter – die
Blüten spielen hierbei eine untergeord-
nete Rolle.
Pflanze mit ähnlicher Symbolik:
Narzisse (*Narcissus poeticus*): Jeder kennt die
Legende vom schönen Narziss, der von seinem
eigenen Spiegelbild im Wasser so fasziniert war,
dass er seinen Blick nicht mehr abwenden konnte
und Wurzeln schlug.

Rührmichnichtan – berührungsempfindliche Früchtchen

IMPATIENS NOLI-TANGERE

Rührmichnichtan kann allen Schwiegermüttern als Geschenk überreicht werden, die immer noch von ihrer großen Wirkung auf Männer überzeugt sind: „Aber wo denkst du hin, meine Tochter, man muss einfach gesehen haben, wie dieser Mann mich angeschaut hat. Ich war richtig verlegen wegen deines Vaters. Das muss man gesehen haben – ein sehr vornehmer Herr mit Klasse, vielleicht ein ehemaliger Diplomat oder so was ...“ Ihr Name rührt daher, dass ihre reifen Früchte bereits bei der leisesten Berührung zerplatzen – genau so wie eine Frau zärtliche Verführungsspiele, mit denen sie selbst angefangen hat, auf brutale Weise beenden kann: „Aber mein Herr, ich bin nicht eine von dieser Sorte!“

Symbolsprache: Inkonsequenter Wunsch nach Verführung.
Verbreitungsgebiet: Im Halbschatten von Waldsäumen oder in Gärtnereien, die gartentaugliche Arten (z. B. *I. balsamina*, *I. walleriana*) anbieten.
Verwendungsmöglichkeit: Für Schattenecken im Garten, die Gartenarten auch als Strauß.

DIE NYMPHO-
MANINNEN UND
GENIESSERINNEN

Mit den Frauen ist es wie mit den Männern. Manche haben einfach mehr Appetit als andere und man kann nicht selten beobachten, wie einige Unersättliche das Leben in vollen Zügen genießen, nachdem sie ihren x-ten Ehemann verschlissen haben. Manchmal stehen ihnen naturgegeben nicht mehr die Mittel zur Verfügung, aber bisweilen hat das Alter auch keinerlei negative Auswirkungen auf ihre Verführungskünste und wenn nötig, macht sie ihr materieller Wohlstand für jüngere Männer attraktiv.

Auf sexuellem Gebiet haben reife Frauen einfach mehr Erfahrung ...

Mutter ... !

Ruprechtskraut – Erinnerung an verflossene Liebschaften

GERANIUM ROBERTIANUM

Das Ruprechtskraut oder auch Robertsstorchschnabel ist all denjenigen Schwiegermüttern gewidmet, die früher unsterblich in die Roberts mit der Figur eines Schwimmmeisters verliebt waren. Der Geruch ist erfüllt von Nostalgie an eine Zeit, in der Männer noch Männer waren und sich für ihre große Liebe die Beine aus dem Leib rissen. Das Ruprechtskraut ist so etwas wie das „Vergissmeinnicht" für die Rendezvous vergangener Zeiten, als Robert – später sein Cousin und dann sein Bruder – hinter der Kirche auf seinem Roller wartete, um seine Angebetete auf seinem Flitzer zu unerlaubten Orten zu entführen. Das Synonym Stinkender Storchschnabel verweist wohl auf den zarten Moschusduft dieser Pflanze, der an die sommerliche Ausdünstung von Männern vor dem Duschen erinnert ...

Symbolsprache: Nostalgische Erinnerung an verflossene Liebschaften.
Verbreitungsgebiet: In der Natur, an Waldrändern oder auf alten Gemäuern; die Bestände (der Pflanze sowie dieser Art von Männern!) sind rückläufig, so dass sie 2002 zur „Pflanze des Jahres" erkoren wurde.
Verwendungsmöglichkeit: Im Strauß bleibt die dezente Schönheit lange erhalten. Wenn Sie große Büschel davon pflücken und den unteren Teil der Stängel sowie einige Blätter entfernen, kann sich der „Wohlgeruch" vollständig entfalten.

Brennende Liebe – ungebrochene Liebe zu Männern

LYCHNIS CHALCEDONICA

Überall dort, wo es Genießer und üppige Gärten gibt, da wächst auch die Brennende Liebe! Die signalrote Farbe der Einzelblüten, die sich mit „geballter Kraft" zu Blütenbällen formieren, haben eine feurig-erotische Ausstrahlung. Das Nelkengewächs symbolisiert den Typ von Schwiegermutter, die der Liebe und den Männern noch nie abgeneigt war. Während sie früher eher auf Qualität bedacht war, bevorzugt sie heute die Quantität – und packt jede sich bietende Gelegenheit beim Schopfe. Doch Vorsicht ist geboten: Oft stirbt sie vorzeitig ab, erschöpft von der Üppigkeit ihrer Blütenpracht. Kräfte schonen ist angesagt!

Symbolsprache: Unerschöpfliche Liebes- und Lebenskraft.
Verbreitungsgebiet: In Gärtnereien und farbenfrohen Gärten.
Verwendungsmöglichkeit: Im Garten aussäen oder einpflanzen und dann als Strauß verschenken.

Goldrute – ewige Jagd auf Männer

SOLIDAGO VIRGAUREA

Und dann sind da noch die Schandflecke, die Nymphomaninnen auf dem Rückweg, diejenigen, die es einfach nicht sein lassen können und den Jungs noch am Ausgang der Turnhalle oder in anrüchigen Discos auflauern. Wenn man sie freundlich behandelt, können sie durchaus großzügig sein und – wie König Midas behauptete: Alles, was sie anfassen, wird zu Gold.

Symbolsprache: Überschäumende Triebe und/oder Hang zu jungen Geliebten.
Verbreitungsgebiet: Die Kanadische Goldrute (*Solidago canadensis*) breitet sich von selbst (und eher ungewollt) auf unbebautem Gelände und im Garten aus, wo sie gegen Ende des Sommers goldgelb blüht. Es gibt zahlreiche Gartenvarianten, die in Gärtnereien und Blumenläden erhältlich sind.
Verwendungsmöglichkeit: Als Strauß verschenken oder in den Garten pflanzen.

DIE BIGOTTEN UND FRÖMMELNDEN

In puncto Religion muss man viel Toleranz aufbieten. Immerhin trifft man in allen Religionen nicht selten auf eifrige, streng gläubige Schwiegermütter, denen man – es ist ja keine Sünde, Herr – mit einem Anflug von wohl wollendem Spott begegnen sollte.

Ich habe schon immer gewusst, dass du ein Satansbraten bist ...
< Aber dein brasilianischer Hintern hat ihn blind gemacht ...

Pfaffenhütchen – hoch lebe Don Camillo!

EUONYMUS EUROPAEUS

Pfaffenhütchen ist eine andere Bezeichnung für den Spindelstrauch, die sich auf die typische Form seiner Früchte bezieht. Der Name Pfaffenhütchen stammt aus der Zeit, als die Pfarrer noch einen Hut à la Don Camillo trugen, also etwa in den 40er und 50er Jahren des 20. Jahrhunderts, als die braven Franzosen eine Baskenmütze und die schlechten Schüler eine Eselskappe trugen. Möglicherweise hat Ihre Schwiegermutter diese Zeit noch miterlebt und erinnert sich gern an den Geruch von Weihrauch und Wachs, an knirschende Holz- und Kniebänke, die durch Generationen von Kniefällen abgenutzt waren, an Kirchendiener und Küster, die eine längst vergessene Zeremonie vorbereiteten.

Symbolsprache: Sehnsucht nach religiösen Ritualen.
Verbreitungsgebiet: In Hecken und Waldrändern.
Verwendungsmöglichkeit: Die fruchtbehangenen Zweige sind in einem Strauß zusammen mit anderen herbstblühenden und -fruchtenden Zweigen sehr dekorativ; wichtiges Vogelnährgehölz im naturnahen Garten.

Christusdorn – der schmerz-volle Aspekt der Religion

PALIURUS SPINA-CHRISTI, EUPHORBIA MILII

Diesen Namen tragen gleich zwei Pflanzen aufgrund ihrer spitzen Dornen. Der christlichen Überlieferung nach ist es jedoch der aus dem Mittelmeerraum stammende *Paliurus*, der zur Herstellung der Dornenkrone Christi verwendet worden sein soll. Die aus Madagaskar stammende *Euphorbia milii* ist noch nicht sehr lange in Europa vertreten, als Topfpflanze jedoch äußerst beliebt. Diese Pflanzen sind für Schwiegermütter gedacht, die in der Religion die Aspekte „Erlösung durch das Leiden", „Schmerzensreiche Mutter" und „Das Leben ist ein Jammertal" bevorzugen.

Symbolsprache: Sehnsucht nach Geißelung.
Verbreitungsgebiet: *Paliurus* findet man im Mittelmeerraum in freier Natur oder in einer Baumschule; *Euphorbia milii* bei jedem Blumenhändler.
Verwendungsmöglichkeit: *Paliurus* ist eher eine Liebhaberpflanze im Kübel, die im Kalthaus überwintert werden muss. *Euphorbia milii* ist eine beliebte, da genügsame Zimmerpflanze.

Euphorbia milii

Pflanze mit ähnlicher Symbolik:
Passionsblume (*Passiflora caerulea*): Als die spanischen Eroberer diese Pflanze in Südamerika entdeckten, erkannten sie (mit viel Fantasie und vielleicht nachdem sie sich am Stechapfel berauscht hatten) in ihren zehn Blütenblättern die zehn bei der Kreuzigung anwesenden Apostel, in der Blumenkrone die Dornenkrone, in den Staubgefäßen die Wunden Christi und im Stempel die Nägel. Die Blaue Passionsblume ist eine hübsche Kletterpflanze, die überall im Handel erhältlich ist; sie gedeiht im Zimmer ebenso wie sommers auf dem Balkon.

Tränendes Herz – das Symbol für Nächstenliebe

DICENTRA SPECTABILIS

Die hübschen, roten Blüten in Herzform, die wie Trauben herabhängen, sind der Heiligen Jungfrau Maria gewidmet. Eine kluge Wahl, denn die bezaubernde, mehrjährige Pflanze symbolisiert die Liebe. Sie verdient einen Ehrenplatz im Garten, und zwar nicht nur im Pfarrgarten. Sie ist für alle diejenigen Schwiegermütter bestimmt, für die Religion Güte, Nächstenliebe und Selbstlosigkeit bedeutet.

Symbolsprache: Nächstenliebe.
Verbreitungsgebiet: In Gärtnereien und ländlichen Gärten.
Verwendungsmöglichkeit: In halbschattigen, gut nährstoffversorgten Beeten zusammen mit mehrjährigen Pflanzen.

DIE FRUSTRIERTEN UND VERKLEMMTEN

Natürlich haben sich die Schwiegermütter weiterentwickelt, aber nicht alle zu lebenslustigen Zeitgenossinnen. Groß ist die Zahl derjenigen, die sich über die Eskapaden von Hugh Grant oder Bill Clinton nicht amüsieren können. Sie stehen den Vergnügungen des Lebens argwöhnisch gegenüber und kosten nur mit spitzen Lippen davon.

Vielleicht wagen sie einfach nicht, ihren Empfindungen freien Lauf zu lassen, um nicht darin unterzugehen? Vielleicht hatten sie nie die Möglichkeit dazu und bedauern es jetzt insgeheim? Vielleicht haben sie Männer nie gemocht? Es gibt noch so viele offene Fragen, die die Erforschung der Schwiegermütter so spannend gestalten.

Mönchspfeffer – der Lustzügler

VITEX AGNUS-CASTUS

Schon in der Antike waren die Samen des Mönchspfeffers für ihre Lust dämpfende Wirkung bekannt.

Sie wurden in vergangenen Zeiten heimlich in die Suppe gegeben, wo sie in den damaligen viel längeren, dunkleren und kälteren Nächten bewirkten, dass in den Mönchszellen keine unerwünschten Lustgefühle aufkeimten. Oder sie halfen unglücklichen Bäuerinnen dabei, die Abstände zwischen ihren unzähligen Schwangerschaften zu vergrößern. Der Mönchspfeffer ist ein schöner Strauch mit blauen Blüten, der im Mittelmeerraum an Flussufern, bei uns im Kübel auf Balkon und Terrasse zu finden ist.

Symbolsprache: Sexuelle Enthaltsamkeit.
Verbreitungsgebiet: In der Natur oder in Gärtnereien.
Verwendungsmöglichkeit: Als Kübelpflanze für den Sommergarten, Balkon oder Terrasse. Sie können die Samen an Ihrer Schwiegermutter ausprobieren, aber – und das ist kein Spaß! – Sie werden keine Wirkung sehen.

Schamblume – Symbol des Einsiedlerlebens

CLITORIA TERNATEA

Diese hübsche Blume aus der Familie der Hülsenfrüchte verdankt ihren Namen ihrer Ähnlichkeit mit einer Klitoris. Es ist eine Kletterpflanze, die in tropischen Ländern weit verbreitet ist und dort als Futterpflanze verwendet oder als Gemüse gegessen wird. In Europa ist sie schwierig zu beschaffen, man kann sie jedoch, wie eine tropische Krankheit, als Souvenir von einer Reise mitbringen.

Symbolsprache: Einsiedlerleben.
Verbreitungsgebiet: Bei speziellen Züchtern tropischer Pflanzen oder als Reisemitbringsel.
Verwendungsmöglichkeit: Eine bei uns einjährig gezogene Kletterpflanze für die Veranda.

Jungfer im Grünen

NIGELLA DAMASCENA

Nur nicht auffallen – so scheint das Motto dieser Pflanze: Sie steht unscheinbar im Garten zwischen anderen Gewächsen, sie besitzt filigrane Blätter und zartblaue Blüten, die eher die Wirkung anderer Pflanzen unterstützen als für sich selber zu werben. Und die vielgeteilten Deckblätter sprechen eine deutliche Sprache: Sie umschließen die Blüten wie ein undurchdringlicher Zaun; vermutlich, um Gaffern den Blick zu versperren und um unerwünschten Gästen den Zutritt zu verwehren. Erstaunlich, dass sie trotzdem zu dunklen Samen kommt, die als Damaszener Schwarzkümmel bezeichnet werden ... sollte sie sie illegal erworben haben?

Symbolsprache: „Nur nicht auffallen!"
Verbreitungsgebiet: Weit verbreitet im europäischen, vorderasiatischen und nordafrikanischen Raum, versamt sich im Garten stark.

Verwendungs-möglichkeit: Einjährige Begleitpflanze auf Beeten; dekorativer Fruchtschmuck in Vasen und Trocken-gestecken.

DIE SCHNAPS-DROSSELN UND ABHÄNGIGEN

Leider befinden sich nicht alle Schwiegermütter in einem Zustand untadeliger Frische. Viele von ihnen werden von den Unbilden des Lebens aus der Bahn geworfen und wenden sich irgendeiner Droge zu, die ihrem Jasminatem und rosigen Teint sehr abträglich ist.

Flaschenputzer –
offen für Buschfeuer

CALLISTEMON VIMINALIS

Dieser schöne australische Strauch verdankt seinen
Namen den prächtigen roten Blüten in Form von Fla-
schenbürsten. Man begegnet ihm in allen tropischen Ländern als Zierstrauch. Wenn man den Samen entnehmen
will, muss man wissen, dass sich die Früchte nur nach
einem Buschfeuer öffnen – was in einem Garten am
Stadtrand nicht unbedingt zu empfehlen ist. Manche
Menschen sehen darin eine Parallele zu denjenigen reifen
Frauen, die für den Zeugungsakt erst nach dem vernich-
tenden Feuer des Alkohols bereit sind.

Symbolsprache: Tendenz, jede Flasche bis zur Neige auszutrinken.
Verbreitungsgebiet: In Kübelpflanzen-Gärtnereien oder bei Züchtern
tropischer Pflanzen.

Verwendungsmöglichkeit: Als Kübelpflanze für Veranda, Balkon und Win-
tergarten.

Pflanze mit ähnlicher Symbolik:

Leberblümchen (*Hepatica nobilis*):
Kleine, blau blühende Blume, die im Unter-
holz wächst und deren Blattform an eine
Leber erinnert.

Blauschwingel (*Festuca glauca*):
Robustes Ziergras, das sich erst polster-
artig, später flächig im Beet ausbreitet.
Es hat seinen Namen von den blau-grauen
Blättern und den im Wind hin- und her-
schwingenden Blütenständen.

Leberblümchen

Ziertabak – der farbenfrohe Vetter des Tabaks

NICOTIANA × SANDERAE

Ein Vetter ersten Grades von
Nicotiana tabacum, dem
Tabak. Die herrliche, einjährige Pflanze ist gerade total
„in" und wird in Sommerblu-
menbeete gepflanzt. Es gibt
sie in verschiedenen Farbva-
rianten: weiß, grün, gelb,
rosa und rot. Es müsste schon
nicht mit rechten Dingen
zugehen, wenn Sie nicht die
Sorte finden würden, die farb-
lich zum Feuerzeug Ihrer
Schwiegermutter passt. Der
Ziertabak eignet sich –

zusätzlich zu einem Nikotinpflaster – besonders gut für Schwiegermütter, die das Rauchen aufgeben wollen: In der Dämmerung ist die Luft erfüllt vom betörenden Duft eines Raucherabteils.

Symbolsprache: Abhängigkeit vom Rauchen.
Verbreitungsgebiet: In Gärtnereien in Form von Samen (es sind einjährige Pflanzen, die nach der Blüte absterben) oder für ungeduldige Menschen auch im Topf.
Verwendungsmöglichkeit: Im Gartenbeet oder in einem dekorativen Kübel zusammen mit anderen Sommerblühern.

Brechnuss – Symbol für Alkoholunverträglichkeit

STRYCHNOS NUX-VOMICA

Ohne gleich Alkoholiker zu sein, vertragen bestimmte Menschen den Alkohol mehr oder weniger gut. Nicht selten stellt man sich am Ende eines feuchtfröhlichen Abends im Kreise der Familie – über den Rand der Kloschüssel gebeugt – die Frage: Sollte ich den Kontakt nicht lieber abbrechen? Zur Erinnerung an den netten Abend wäre beim nächsten Familientreffen sicherlich ein kleines Präsent angebracht.

Symbolsprache: Alkoholunverträglichkeit/ungezügelter Alkoholgenuss.
Verbreitungsgebiet: Strauch, der in Indien, Malaysia, Java und Australien beheimatet ist.
Verwendungsmöglichkeit: Die giftigen, strychninhaltigen Samen der aprikosenähnlichen Frucht werden in den Ursprungsländern zur „Beilegung" von Familien- und Stammesfehden benutzt – in unseren Breiten nicht empfehlenswert!

DIE PFENNIG-FUCHSER UND GELDGEIER

Habgier und Geiz sind keine Frage der finanziellen Mittel, sondern der geistigen Einstellung. Man begegnet ihnen in allen Schichten und Familien. Sicher sind diese Vorstellungen sehr subjektiv und treten umso mehr zutage, je unterschiedlicher die Familienkultur ist. Wetten, dass in der Ehe zwischen der Tochter eines italienischen Gemüsehändlers und dem Sohn eines skandinavischen Geistlichen gewisse Unterschiede in den Empfindungen auftreten werden?

Nun, Sophie, du wartest also auf den Familienschmuck ... da musst du dich noch etwas gedulden ...

Was der Eine für Geiz und Engstirnigkeit hält, wird vom Anderen als Eitelkeit und Übertreibung wahrgenommen ...

Pfennigkraut – das Füllhorn für den Balkon

LYSIMACHIA NUMMULARIA

Diese gelb blühende Kletterpflanze verdankt ihren Namen den münzenförmigen Blättern. In der freien Natur findet man sie auf Feuchtwiesen, wo sie bereits Generationen von Schäferinnen zum Träumen gebracht haben muss. Es gibt auch eine goldfarbene Gartensorte ('Aurea'), deren Blätter wie Zehn-Cent-Stücke glänzen und die jede Schwiegermutter in Ekstase versetzen. Sie macht sich gut in Pflanzenampeln und Balkonkästen, von denen sie wie ein Füllhorn herabhängt und Reichtum und Wohlstand verspricht.

Symbolsprache: Geldgier.
Verbreitungsgebiet: Auf frischen Standorten in der Natur (von wo sie nicht entnommen werden darf) und als Topfpflanze in Gärtnereien (dort meist im Sumpfpflanzenquartier).
Verwendungsmöglichkeit: Im Sommer in Hängeampeln und Balkonkästen, die immer frisch gehalten werden müssen; in der Sumpfzone von Wasserbecken und Bachläufen.

Ampel-
hexe –
das hän-
gende Elend

TRADESCANTIA SPEC.

Man könnte sie auch als
ein „Häufchen Elend"
bezeichnen: diese Ampel-
pflanze mit ihren zerbrechlichen
Stängeln und den gelben oder weißen Streifen, die aussieht, als würde sie jeden Moment eingehen ... Sie führt
ein Schattendasein in dunklen, von Hausmeistern und
Großmüttern längst vergessenen Ecken. Aber warum trifft
man sie dennoch so häufig an? Die Antwort ist: weil man
sie geschenkt bekommt und weil sie nicht tot zu kriegen
ist. Ihre Ableger werden schon seit Urzeiten von Oma zu
Oma weitergereicht. Die Großmütter sterben irgendwann
– was bleibt, ist das „Elend" ...

Symbolsprache: Bloß keine unnötigen Ausgaben!
Verbreitungsgebiet: Bei jeder Schwiegermutter! Man nehme einen Ableger, pflege ihn eine Zeitlang und schenke ihn ihr aufs Neue; dabei heuchle
man Erstaunen: „Oh, nein, du hast ja schon eine von der Sorte!" Schlimms-
tenfalls findet man sie auch beim Blumenhändler oder in einer Gärtnerei.
Verwendungsmöglichkeit: Topfpflanze für die Blumenampel.

Geldbäumchen – die Freude am leicht verdienten Geld

CRASSULA OVATA

Den Namen hat das Geldbäumchen wohl aufgrund seiner rundlichen, flüssigkeitsspeichernden Blätter, die entfernt an Geldmünzen erinnern. Das scheint symbolträchtig genug, um immer wieder gerne für festliche Anlässe „harte Währung" daran zu befestigen – darauf hoffend, dass der Beschenkte schnell zu Reichtum komme. Bei Ihrer Schwiegermutter können Sie sich diesen Aufwand sparen – vorausgesetzt, Sie waren bei der Wahl Ihres Partners berechnend genug. Der Lohn der Hege und Pflege ist, dass die Gewächse oft erst im uralten Zustand erblühen: spätestens hier sollten die Parallelen aufhören!

Symbolsprache: Liebe zum leicht verdienten Geld.
Verbreitungsgebiet: In Blumenläden oder auf fast jeder mit pflegeleichten Pflanzen bestandenen Fensterbank.
Verwendungsmöglichkeit: Als Zimmerpflanze für Gärtner ohne „grünen Daumen".

DIE KRATZ-BÜRSTEN UND NÖRGLERINNEN

Es gibt Schwiegermütter, denen ständig eine Laus über die Leber läuft. Alles dient als Vorwand zum Nörgeln. Macht man ihnen ein Kompliment bezüglich des Essens: „Keineswegs, es ist alles total zerkocht …"; macht man ihnen keins: „Das ist nun der Dank für all die Mühe …". Sind sie bei bester Gesundheit, dann brüten sie gerade etwas aus; sind sie krank, dann musste es ja so kommen. Machen Sie sich Sorgen über ihre Gesundheit, heißt es: „Ihr freut euch wohl schon auf das Erbe?"; machen Sie

Die beiden haben überhaupt keine Kinderstube …

sich keine: „Mich fragt mal wieder niemand, wie es mir geht, wo ich doch erst letzte Woche zwei Infarkte, drei Venenentzündungen und einen abgebrochenen Fingernagel hatte!" Wenn Sie die Nörgeleien leid sind, dann schenken Sie ihr doch einfach die folgenden Blumen:

Gemeiner Natternkopf – nomen est omen

ECHIUM VULGARE

Den Gemeinen Natternkopf findet man im Sommer an Straßenrändern. Dort gedeiht er in Gesellschaft von armen Hunden, die man auf der Fahrt in den Urlaub ausgesetzt hat, aber auch auf Brachland und anderen kargen Stellen, an denen seine herbe Natur niemandem schadet. Die waagerecht vom Spross abstehenden Blüten färben sich erst rötlich, dann blau – sollte das eine Analogie zur Gesichtsfarbe zunächst nörgelnder, im Endstadium cholerischer Schwiegermütter sein? Wie alle mit dem Borretsch verwandten Pflanzen besitzt auch der Natternkopf sehr raue Blätter, die als Ersatz für Klopapier nicht empfehlenswert sind.

Symbolsprache: Rauer Umgangston.
Verbreitungsgebiet: An Straßenrändern, auf Brachflächen, an Pionier-
standorten.
Verwendungsmöglichkeit: In einem Strauß, zusammen mit anderen Wild-
blumen. Die Pflanze kommt sehr häufig vor, so dass man sie ohne weiteres
pflücken kann.

Sodomsapfel – Universalmittel gegen alles, was wurmt

SOLANUM SODOMAEUM, CALOTROPIS PROCERA

Man fragt sich wirklich, was die Bewohner von Sodom
mit diesem Apfel anstellen konnten, dass er einen solchen
Namen verdiente. Der dazugehörige Strauch ist extrem
stachlig, was die ganze Angelegenheit nicht gerade einfa-
cher macht. Was jedoch sicher ist, ist die Tatsache, dass er
giftig ist und dass man ihn häufig in Ruinen, Trüm-
mern und Schutt mediterraner
Kulturstätten findet.
Viel mehr weiß man auch
nicht über die zweite
Pflanze – *Calotropis pro-*
cera –, die unter dem
gleichen Namen bekannt
ist. Trägt sie den Namen
vielleicht, weil ihr giftiger
Latex angeblich die Syphillis hei-
len konnte und als Wurmmittel
eingesetzt wurde? Das wäre
doch das richtige Einsatzge-
biet bei Schwiegermüttern,
deren bloße Existenz oder
deren Äußerungen einen
immer wieder wurmen ... Ah,
der Orient und seine Geheimnisse!

Calotropis

Symbolsprache: „Es wurmt uns, wie du mit uns umgehst!"
Verbreitungsgebiet: Diese Pflanzen sind nicht im Handel erhältlich. *Solanum sodomaeum* stammt aus Südafrika und hat sich auf Brachflächen des gesamten Mittelmeerraumes ausgebreitet. *Calotropis procera* stammt aus den Wüstenregionen Nordafrikas bis Pakistans.
Verwendungsmöglichkeit: Für diejenigen, die mit ihren verbalen Angriffen dem Gegenüber das äußerste an Selbstbeherrschung abverlangen.

Löwenmäulchen – die Pflanze mit dem mürrischen Gesichtsausdruck

ANTHIRRHINUM MAJUS

Wenn Sie zum fünfzigtausendsten Mal von einer Schwiegermutter empfangen werden, die mal wieder völlig grundlos eingeschnappt ist, dann schenken Sie ihr Löwenmäulchen, um sie etwas aufzuheitern. Die Pflanze erinnert an den vorstehenden Unterkiefer eigensinniger Menschen, die nie auch nur den geringsten Anflug eines Lächelns zeigen. Es gehört zur Familie der Rachenblütler, die angeblich gegen Hämorrhoiden helfen sollen: eine Eigenschaft, die eingehender erforscht werden sollte.

Symbolsprache: Mangel an Liebenswürdigkeit.
Verbreitungsgebiet: Ausgesamt im Garten, in Gärtnereien und bei Blumenhändlern.
Verwendungsmöglichkeit: Man kann die Pflanze ins Sommerblumenbeet pflanzen oder als Strauß verschenken.

DIE HEXEN UND DRACHEN

In der heutigen Zeit neigt man sehr schnell dazu, solche Dinge mit einem Lächeln abzutun. Doch was wurde aus den Hexen früherer Zeiten? Können wir denn sicher sein, dass alle verbrannt wurden? Oder haben sie es verstanden, sich so gut in die Gesellschaft zu intgerieren, um weiteren Verfolgungen zu entgehen? Feiern sie nicht immer noch in geheimen Zusammenkünften von Giftmischerinnen ihren Hexensabbat und ihre magischen Rituale, alles unter dem Deckmantel, sie würden mal bei der einen, mal bei der anderen Schwiegermutter Stecklinge austauschen, Rommée spielen oder einfach nur Tee trinken?

Du hast eine Kröte geheiratet, die sich nie verwandeln wird ...

Alraunwurzel – für Zaubertränke aller Art

MANDRAGORA OFFICINARUM

Die mystische Alraunwurzel ist eine kleine Pflanze, an der nichts Spektakuläres festzustellen ist, außer vielleicht ihre fleischige, oft zweigeteilte Wurzel, die mit etwas Fantasie (wovon Schwiegermütter ja genug besitzen) an den Körper und die zwei behaarten Beine eines Mannes erinnern. Man sagt, sie sei am Fuße von Galgen aus dem Samen der Erhängten entstanden ... Sie ließ sich nur nach einem genau festgelegten Ritual herausreißen und stieß dann einen herzzerreißenden Schrei aus. Ihre erstaunlichen Kräfte dienten zur Zubereitung diabolischer Zaubertränke. Wer weiß, was ihre Kräfte bewirken konnten, wenn sie in übel gesinnte Hände gerieten? Natürlich gibt es heute keine Galgen mehr, aber Ihnen wird gleich das Lachen vergehen, wenn Sie erfahren, dass in Frankreich alle botanischen Gärten die Bestimmungstafeln an ihren Alraunwurzeln wieder entfernen mussten, weil sie mit Einbruch der Nacht entwendet wurden. Beobachten Sie Ihre Schwiegermutter ganz genau, wenn sie sich plötzlich sehr stark für Botanik interessiert!

Symbolsprache: In der Hexenkunst: Kraft und Unvergänglichkeit; in der Schwiegermutterologie: übernatürliche Fähigkeit, Schaden anzurichten.
Verbreitungsgebiet: Teils unter Galgen, die jetzt selten geworden sind und in botanischen Gärten, wo sie verboten ist. Versuchen Sie, die Pflanze in

Abbildung nach einem Frühdruck aus der Stadtbibliothek in Kolmar (1487)

ihrer natürlichen Umgebung, dem gesamten Mittelmeerraum, zu finden – aber reißen Sie sie bloß nicht aus, denn wenn Sie das Ritual nicht beherrschen, werden Sie vom Blitz getroffen …

Verwendungsmöglichkeit: Als Talisman: Sie soll Gesundheit, Fruchtbarkeit und Reichtum bringen. Als Zaubertrank: Es gibt verschiedene Rezepte, die von Schwiegermutter zu Schwiegermutter weitergereicht werden. Aber Vorsicht: Die Wurzel enthält wirklich giftige Alkaloide.

Weitere Pflanze mit ähnlicher Symbolik:

Rote Zaunrübe (*Bryonia dioica*): Diese wilde Kletterpflanze ist in unseren Klimazonen weit verbreitet (in Hecken) und besitzt eine Wurzel, die derjenigen der Alraunwurzel ähnelt. Vermutlich handelte es sich bei einem Großteil der als Alraunwurzeln verkauften Pflanzen in Wirklichkeit um Rote Zaunrüben, da diese viel leichter zu beschaffen sind. Wie die Alraunwurzel ist auch sie toxisch und kann Vergiftungen hervorrufen.

Schwarzes Bilsenkraut – Flugsalbe für Hexen

HYOSCYAMUS NIGER

Zusammen mit der Tollkirsche und dem Stechapfel gehört sie sozusagen zur Grundausstattung jeder Anfängerhexe. Aus diesen drei Pflanzen wird die Salbe hergestellt, mit deren Hilfe Hexen in der Nacht und am Sabbat ihre „Flugreisen" unternehmen können. Der berühmte Hexenbesen hat seinen Ursprung übrigens in dieser Praxis, denn um zu „fliegen", bestreicht die Hexe den Stiel mit Salbe und reitet nackt darauf: Auf diese Weise gelangen die Hauptwirkstoffe der Pflanzen direkt in das Blutkreislaufsystem. Die starken Alkaloide rufen Halluzinationen und schwere Delirien hervor, die bisweilen zum Wahnsinn führen! Es sei denn, die Hexe fällt vorher von ihrem Besen herunter und bricht sich etwas. Die Zahl der Schwiegermütter, die sich bei einem Sturz vom Besen – und nicht wie sie behaupten, von der Trittleiter beim Abnehmen der Gardinen – den Oberschenkelhals brechen, ist bedeutend größer als man glaubt!

Symbolsprache: Okkulte Kräfte.
Verbreitungsgebiet: Auf Friedhöfen und an Mauern, die von Hunden und Obdachlosen aufgesucht werden.
Verwendungsmöglichkeit: Wie bereits erwähnt. Wählen Sie zur Sicherheit einen rutschfesten Besen.
Pflanzen mit ähnlicher Symbolik:
Stechapfel *(Datura stramonium)*: Besitzt halluzinogene Eigenschaften, die einen in Trance versetzen können, aus der man nicht immer wieder aufwacht. Heute gilt er als Unkraut und ist gelegentlich auf Brachland anzutreffen.
Tollkirsche *(Atropa belladonna)*: Auch sie ist Bestandteil der „Flugsalbe" der Hexen. Sie ist hochgiftig, vor allem ihre Beeren sind tödlich. Träufelt man einen Tropfen Tollkirsche ins Auge, so erweitert sich die Pupille, eine Eigenschaft, die sich früher viele Frauen zunutze machten, um ihren Blick verführerisch wirken zu lassen.

Stechapfel

Hexen- oder Zauberkralle – gefährliche Umarmung

CARPOBROTUS EDULIS

Ihr Name stammt von den fleischigen Blättern, die wie Krallen aus der Erde ragen. Die hübsche, kleine Sukkulente aus Südafrika wurde in allen Mittelmeerländern zur Verschönerung von Straßenrändern und Stränden angepflanzt. Die Schönheit ist mitunter gefährlich, denn wenn sie einmal eingepflanzt wurde, können sich nur wenige andere Pflanzen ihrer Umklammerung entziehen.

Symbolsprache: Sie spinnt ihr teuflisches Netz.
Verbreitungsgebiet: In Gärtnereien als Kübelpflanze.
Verwendungsmöglichkeit: Im Kübel verschenken.
Pflanze mit ähnlicher Symbolik:
Teufelszwirn (*Lycium barbarum*): Die Zugehörigkeit dieser Pflanze zu den Nachtschattengewächsen verheißt nichts Gutes: Er enthält Giftstoffe, seine rutenartig herabhängenden Zweige sind unangenehm bedornt und die trichterförmigen Blüten versuchen mit ihrem schmutzigen Violett Bestäuberinsekten anzulocken. Zu allem Überfluss breitet sich die Pflanze gerne in Kulturen aus und hält sie fest umklammert, weshalb man sie trickreich bekämpft: Um die unerwünschten Samen aus dem Saatgut auszusondern, vermengt man es mit Eisensubstanzen, die an den Samen des Teufelzwirns haften bleiben. So können sie mit Hilfe elektromagnetischer Einrichtungen ausgesondert werden. Eine „teuflisch gute" Methode, die auch bei modeschmuckbehangenen Schwiegermüttern funktionieren könnte ...

Teufelszwirn

Kanarischer Drachenbaum – gegen Hausdrachen und andere Leiden

DRACAENA DRACO

Zur Heilung von Geschwüren verwendeten die alten Römer ein rotes Pulver, das unter dem Namen „Drachenblut" verkauft wurde. Als viel später die Spanier die kanarischen Inseln kolonisierten, entdeckte man den Ursprung dieses Pulvers: Es handelte sich um den getrockneten Saft eines Baumes, der als „Drachenbaum" bezeichnet wurde.

Wenn auch die Drachen keinen Platz mehr in unserer Realität haben, so leben sie doch in unserer Fantasie weiter – und es ist gar nicht so abwegig, Schwiegermütter als Inkarnationen derselben anzusehen. Zu den Aufgaben von Drachen gehört im Allgemeinen zu verhindern, dass Eindringlinge eine heilige Stätte schänden – in diesem Fall die Tugend des geliebten Töchterchens oder Söhnchens, dieser armen, kleinen Wesen, die hilflos der Verdorbenheit der Welt ausgeliefert sind. Nur tapfere Ritter und reiche Erbinnen können ihre übertriebene Wachsamkeit mildern. Aber Vorsicht: Aus der Drachenhöhle gibt es kein Entrinnen!

Symbolsprache: Sittenstrenge.
Verbreitungsgebiet: Den Kanarischen Drachenbaum (*Dracaena draco*) findet man zwar nur auf den Kanaren, bei Blumenhändlern oder Gärtnereien sind jedoch andere Drachenbaumarten als Zimmerpflanzen erhältlich (*Dracaena fragans, Dracaena reflexa, Dracaena marginata*).
Verwendungsmöglichkeit: Als Zimmerpflanze im Topf.

DIE ANBETUNGS-WÜRDIGEN UND WOHLWOLLENDEN

Eine solche Perle als Schwiegermutter kann man jedem nur wünschen ... Nie ein falsches Wort oder ein Vorwurf, nie ein unangebrachter Rat; stets verfügbar, aber nie aufdringlich ... Sie sind begeistert, wenn Sie sonntags zum Essen kommen, aber nicht eingeschnappt, wenn Sie mal was anderes vorhaben. Sie möchten einfach nur zur Hand gehen, auf die Kinder, Hunde, Katzen, Meer-

Natürlich kann mein kleiner Liebling drei Eis essen ... da ist doch viel gute Milch drin ...

schweinchen aufpassen … Sie sind bisweilen fast zu umgänglich und großzügig, so dass man aufpassen muss, sie nicht auszunutzen.

Lampionblume – für unaufdringliche Schwiegermütter

PHYSALIS ALKEKENGI

Die Lampionblume steht für alle Schwiegermütter, die ihre Liebe in Zaum halten können, um nicht zu aufdringlich zu erscheinen (daher der französische Ausdruck „amour en cage" – Liebe im Käfig). Die kirschroten Früchte sind von bezaubernden, kleinen orange-farbenen Lampions umschlos-sen: Sie schimmern durch den Lampion hindurch, ohne je zu blenden. Es gibt auch eine essbare Art der Lampionblume (*Physalis peruviana*) mit gelben Beeren und einem hellbeigefarbenen Lampion, die zur-zeit zum Dekorieren von Desserts und Obst-salaten sehr angesagt ist, aber nur mäßig schmackhaft ist.

Symbolsprache: Wohl dosierte Liebe.
Verbreitungsgebiet: In Gärtnereien (auch unter der Bezeichnung Judenkirsche oder Blasenkirsche) oder in immer größer werdenden Arealen von Gärten.
Verwendungsmöglichkeit: Im Garten zusammen mit Stau-den, die gegen Ende des Sommers blühen.

Engelwurz – für wohltuende Wirkungen

ANGELICA ARCHANGELICA

Sie sieht aus, als ob sie kein Wässerchen trüben könnte. Wie der Name schon andeutet, ist sie gut wie ein Engel und wohltuend wie ein lauer Sommerregen. Man vernimmt bereits die engelsgleichen Stimmen der Seraphine auf der Schwelle zum siebten Himmel! Den Ursprung für diese überschwänglichen Lobreden muss man wahrscheinlich bei den Mönchen des Mittelalters suchen: Sie verwendeten die Pflanze als Heilmittel gegen Rheuma und Arthritis und vor allem als Hauptzutat in den klösterlichen Likören (z. B. Bénédictine, Chartreuse). Wie man weiß, waren letztere für ihre außerordentliche Wirkung als „allgemeine Stärkungsmittel" bekannt.

Symbolsprache: Wohltuende Milde.
Verbreitungsgebiet: In Gärtnereien.
Verwendungsmöglichkeit: Im Garten an einem kühlen Platz; die Pflanze
kann eine Höhe von zwei Metern erreichen.

Echter Eibisch – für weiches Gebäck und weiche Menschen

ALTHAEA OFFICINALIS

Der Eibisch ist eine hübsche
Wildpflanze, die – außer zur
kostenlosen Verschönerung
von Straßenrändern – als
Hustensirup und zur
Aromatisierung von
Weichgebäck, oder „marshmallows" wie die Englän-
der sagen, dient. Vergleicht man eine Schwiegermutter mit dem Eibisch, dann hat man es mit einer
sanften, umgänglichen Person zu tun, die ihren Lieben nichts abschlagen kann – anderen Personen übrigens auch nicht.

Symbolsprache: Sanftmut, die oft als Charakterschwäche
ausgelegt wird.
Verbreitungsgebiet: Im Sommer an Wegrändern und auf
Wiesen.
Verwendungsmöglichkeit: Als (schnell vergänglicher)
Strauß, Hustensirup und in Marshmallows.

DIE BEWUN-
DERNSWERTEN UND
BEZAUBERNDEN

Und dann sind da noch die Schwiegermütter, an denen das Alter scheinbar spurlos vorübergeht. Sie haben dem Alter den Kampf angesagt und sich mit allen Mitteln gewappnet. Sie werden unverschämterweise von Jahr zu Jahr schöner: Unsterbliche, über alles erhabene Göttinnen, die ihren Spaß daran haben, die eigene Tochter in den Schatten zu stellen, die gefährlich mit den Nerven ihres Schwiegersohnes spielen und unter den verheirateten Freunden ihres Sohnes Verwirrung stiften ...

Nein, meine Tochter ist nicht zu Hause, aber ich erwarte Sie, Peter ...

Engelstrompete – Verkünderin der Apokalypse

BRUGMANSIA

Die Engelstrompete gilt als Verkünderin des Chaos, das der Apokalypse vorausgeht. Am Abend verströmt sie einen schweren, berauschenden Duft, die sämtliche Nachtfalter verrückt macht. Sie werden unwiderstehlich zum Kelchrand mit dem schimmernden Schlund gezogen, lassen sich sanft auf den Boden der Blumenkrone fallen, aalen und berauschen sich am süßen Nektar, bevor sie darin ertrinken. Das ist das Schicksal all derjenigen, die sich mit der Engelstrompete einlassen, die in allen Teilen eine gefährlich halluzinogene Wirkung zeigt ...

Symbolsprache: Fatale Schönheit.
Verbreitungsgebiet: In Kübelpflanzen-Gärtnereien, beim Blumenhändler.
Verwendungsmöglichkeit: Als Kübelpflanze im Sommergarten, auf Balkon und Terrasse.

Königin der Nacht – schnell vergängliche Blütenpracht

SELENICEREUS GRANDIFLORUS

Diese tropische Pflanze führt den Großteil ihres Daseins das Leben eines unbescholtenen Kaktus, sie döst also am Rand einer Fensterbank vor sich hin. Bei Einbruch der

Nacht stellt sie jedoch ihre außergewöhnlichen Blüten zur Schau, die im Pflanzenreich zu den größten überhaupt zählen (bis 25 oder 30 cm Durchmesser). Aber Achtung: Man muss zur rechten Zeit anwesend sein, denn sie blüht nur eine einzige Nacht! Die Blüte öffnet sich gegen zehn Uhr abends, verströmt einen starken Vanilleduft, gibt sich dem erstbesten Nachtfalter hin und schließt sich wieder gegen 3 Uhr nachts. Am Morgen ist sie schon längst verblüht. Als ob sie ihr tragisches Schicksal vorausahnen würde, setzt sie ihre grandiose Blütenpracht im Zeitraffer in Szene.

Symbolsprache: Vergängliche Schönheit.

Verbreitungsgebiet: Bei Kakteenzüchtern.

Verwendungsmöglichkeit: Topfpflanze für drinnen oder für das Gewächshaus.

Pflanze mit ähnlicher Symbolik:

Taglilie (*Hemerocallis fulva*): Diese Pflanze ist das tagblühende vergängliche Gegenstück zur Königin der Nacht. Obwohl die Einzelblüte ebenfalls nur einen Tag lang blüht, hat man bei den bis zu 20 Blüten pro Stängel den ganzen Sommer etwas davon.

Gelbrote Taglilie

Frauenschuh – Meisterin der Verführungskunst

CYPRIPEDIUM UND PAPHIOPEDILUM

Der zarte Schuh von Aschenbrödel hat sein Versprechen wahr gemacht und sich mit der Zeit in einen Venusschuh verwandelt, in dem die aufkeimende Schönheit zur vollen Entfaltung gelangte. Der früher eingeengte Fuß kann sich nun wohlig und ohne Einschränkung ausdehnen. Es ist die Reife in Vollendung – in den Kurven, Rundungen und der Großzügigkeit.

Wie alle Orchideen haben es die Venus- oder Frauenschuhe in der Kunst der Verführung zur Perfektion gebracht. Sinnliche Formen, schillernde Farben, ein umwerfender Duft für die ersten Annäherungsversuche, zarte visuelle Signale für die Kontaktaufnahme, Nektar in

rauen Mengen, Stolperfallen für die endgültige Rutsch-
partie: Das alles dient dazu, die Liebe zur hohen Kunst zu
erheben.

Symbolsprache: Verführerische Schönheit in Vollendung.
Verbreitungsgebiet: Den Gelben Frauenschuh (*Cypripedium calceolus*)
findet man unter anderem in den Alpen. Er steht unter Naturschutz und
darf somit nicht gepflückt werden. Das ist aber nicht schlimm, weil die
Venusschuhe (*Paphiopedilum*) noch besser zum Charme der Schwiegermütter passen als die „Wildlinge". Man erhält sie beim Blumenhändler oder
in Gärtnereien.
Verwendungsmöglichkeit: Als Zimmerpflanze
im Topf (*Paphiopedilum*). Achtung:
Einige Sorten vertragen Zim-
mertemperatur nicht sehr
gut. Erkundigen Sie sich
bei Ihrem Händler.

Frauenschuh,
Paphiopedilum

Verwendete Literatur

Im Folgenden sind die wichtigsten Quellen aufgelistet, derer sich der Autor und die Bearbeiterin der deutschen Ausgabe bedient haben:

Bärtels, A.: Farbatlas Tropenpflanzen, Verlag Eugen Ulmer, 1996

Bert, Isabelle: Orchidées; comment les cultiver facilement, Editions Eugen Ulmer, 1999

Collaert, J.-P.: Le Jardin comme on l'aime, Edisud Editions, 2000

Erhard, Götz, Bödeker, Seybold: ZANDER – Handwörterbuch der deutschen Pflanzennamen, Verlag Eugen Ulmer, 2002

Haeupler, H., Muer, T.: Bildatlas der Farn- und Blütenpflanzen, Verlag Eugen Ulmer, 2000

Kroll, S., Hühner, J.: Plantes extra-larges pour la décoration d'intérieur, Editions Eugen Ulmer 2002

Labat, J.-J.: Plantes carnivores; comment les cultiver facilement, Editions Eugen Ulmer 1999

Marzell, Heinrich: Wörterbuch der deutschen Pflanzennamen, Repro. d. Ausg. v. 1943–79 (2000), GLB Parkland

Roland, J.-D.: „La mandragore"; Lemoine, G.: „Le trio infernal" in „La garance voyageuse", Nr. 52; spécial „drogues et plantes magiques" (informative, vierteljählich erscheinende Zeitschrift über die Welt der Pflanzen, auch unter http://garance.voyageuse.free.fr)

rororo Pflanzenlexikon in 5 Bänden, Rowohlt Taschenbuch-Verlag, 1969

Rücker, K.: Die Pflanzen im Haus, Verlag Eugen Ulmer, 1998

Schauenburg, P., Paris, F.: Guide des plantes médicinales, Delachaux et Niestlé Editions, 1977